# 30일 완성!

# 나도 드럼 친다

심화 편

"누가 드럼 어렵대?"
"이렇게 쉽고 재밌는데?"

## 최성수

서울예술대학교 실용음악과 드럼 전공
육군 1군사령부 군악대 전역
미8군 정기 협연 연주
다수 가수 콘서트 및 앨범녹음 드럼 연주 참여
다수 뮤지컬 드럼 연주 참여
현) SOO' Drum Village 드럼학원 원장
　　SOO' Studio 대표
　　미국 스틱회사 REGAL TIP 아티스트

 SOO's
Drum Village

http://www.youtube.com/c/최성수Drumvillage

초판인쇄　2020년 11월 20일
초판발행　2020년 11월 20일

지은이　최성수
펴낸이　채종준
펴낸곳　한국학술정보(주)
주소　경기도 파주시 회동길 230 (문발동)
전화　031 908 3181(대표)
팩스　031 908 3189
홈페이지　http://ebook.kstudy.com
E-mail　출판사업부 publish@kstudy.com
등록　제일산-115호(2000. 6. 19)

ISBN　979-11-6603-196-0 13670

30일 단기 완성 시리즈 04

"누가 드럼 어렵대?"
"이렇게 쉽고 재밌는데?"

# 30일 완성!
# 나도 드럼 친다

심화 편

최성수 지음

이담 Books

"드럼은 어려워."
"드럼은 손과 발을 따로 움직여야 해."
"난 음악을 해본 적이 없어."
"난 타고난 박치야."

드럼을 시작할 수 없는 수많은 이유들을 듣고 고충을 해결해줘야 했습니다. 하지만 내가 시작하고 재미를 붙여서 연주해왔던 드럼은 어렵기만 하고 특별히 선택받은 사람만이 다룰 수 있는 악기가 아니었습니다.

누구나 쉽고 빠르게 배우며, 재미를 느낄 수 있는 악기가 '드럼'입니다. 배우고 싶은 마음은 있지만, 선뜻 도전할 수 없었던 당신을 위해 이 책을 만들었습니다.

손과 발이 따로 움직여야 해서 시작하기 어려우신가요?
스스로 박치라고 생각해서 시작하기 어려우신가요?

제가 지금껏 많은 분들에게 드럼을 알려드리고, 알게 된 사실은 '어렵지 않다'입니다. 음표를 정확히 배운 적이 없어서 박치라고 단정 짓지 않으셨나요? 남들의 말만 듣고, 손발이 따로 움직여야 한다고 생각하고 있진 않으신가요? 그렇다면 이 책으로 먼저 도전해보시고, 그러한 생각을 한번 바꿔보는 것을 추천합니다.

어린아이부터 성인에 이르기까지 누구나 쉽고 재밌게 드럼을 배울 수 있도록 만들었습니다. 음표가 무엇인지, 드럼이라는 악기는 어떤 악기인지, 드럼을 치면 어떤 재미가 있는지 직접 느껴보시기 바랍니다.

여러분이 생각하는 중산층의 기준은 어떤 것인가요?

프랑스 사람들이 생각하는 중산층의 기준은 다음과 같습니다.

1. 외국어를 하나 정도 할 수 있는가?

2. 직접 즐기는 스포츠가 있는가?

3. 다룰 줄 아는 악기가 있는가?

4. 공분에 의연히 참여하는가?

5. 대접할 수 있는 요리 실력을 갖추었는가?

6. 약자를 도우며 봉사활동을 꾸준히 하는가?


다른 사람이 보는 나의 외적인 모습에 집중하기보다는 나 자신을 사랑하고, 나의 내면을 다지는 일이 진짜 행복한 삶이 아닐까요?


P.S. 드럼과 올바른 삶을 살아가도록 많은 가르침을 주신 황성삼 선생님, 많은 보살핌과 사랑으로 대해주신 정광훈 선생님, 물심양면으로 지원해주시고 응원해주시는 대신악기 임직원분들에게 감사드립니다.


2020년 가을

최성수

# Contents

## Part 3     왼발 하이햇 카운팅 방법

## Part 4     고스트 노트 연습 방법

Part 7   **양손 밸런스 연습**

Part 8   **종합 연습**

Part 1

# 드럼 치기 전
# 기초 지식 쌓기

# 음악에서 사용되는 음표 알기

1. 온음표, 온쉼표 – 음표 한 개에 4박자의 길이를 내포하고 있으며, 온쉼표 또한 4박자 쉰다.

2. 2분음표, 2분쉼표 – 음표 한 개에 2박자의 길이를 내포하고 있으며, 2분쉼표 또한 1개당 2박자만큼을 쉰다.

3. 4분음표, 4분쉼표 – 박자의 기준이라고 말할 수 있으며 4분음표 1개는 1박자를 의미하며, 4분쉼표 1개당 1박자씩을 쉰다.

4. 8분음표 – 음표 한 개에 반박자의 길이를 내포하고 있으며 두 개가 모이면 4분음표 한 개의 길이와 동일해지는 박자로 만들어진다.

5. 16분음표 – 음표 한 개의 길이는 1/4의 박자를 나타내며 16분음표 4개가 모여야 4분음표 1개, 즉 한 박자가 만들어진다.


**\* 헷갈릴 수 있는 음표 정리하는 팁!**

1. [4분음표 1개] = [8분음표 2개] = [16분음표 4개] = 한 박자

2. [8분음표 1개] = [16분음표 2개] = 반박자


\* 1박자, 2박자, 3박자의 기준은 4분음표를 기준으로 이야기하는 것입니다.


**틈새 퀴즈**

1. [4분음표 2개] + [8분음표 4개] = [   ] 박자

2. [8분음표 2개] + [16분음표 8개] = [   ] 박자

# 드럼 모양과 명칭 알기

1. **하이햇** – 리듬에서 가장 많이 사용되는 악기로서 리듬의 리더 역할을 한다.

2. **스네어 드럼** – 리듬의 강세를 표현하는 역할을 하는 악기이며 2, 4번째 박자에 주로 사용된다.

3. **탐탐** – 필인을 할 때 주로 사용되며 리듬을 만들 때 사용되기도 한다.

4. **플로어탐** – 탐 중에서 가장 낮은 음역대의 악기로서 바닥에 세워둔다 하여 플로어탐이라 한다.

5. **베이스 드럼** – 드럼에서 가장 낮은 음역대의 악기이자, 페달이라는 도구를 밟아 소리를 낸다.

6. **크래시 심벌** – 흔히 알고 있는 심벌이라 지칭하는 것으로 강력한 파열음을 낸다.

7. **라이드 심벌** – 리듬의 분위기 변화 혹은 리듬의 전환 시에 사용되는 심벌이다.

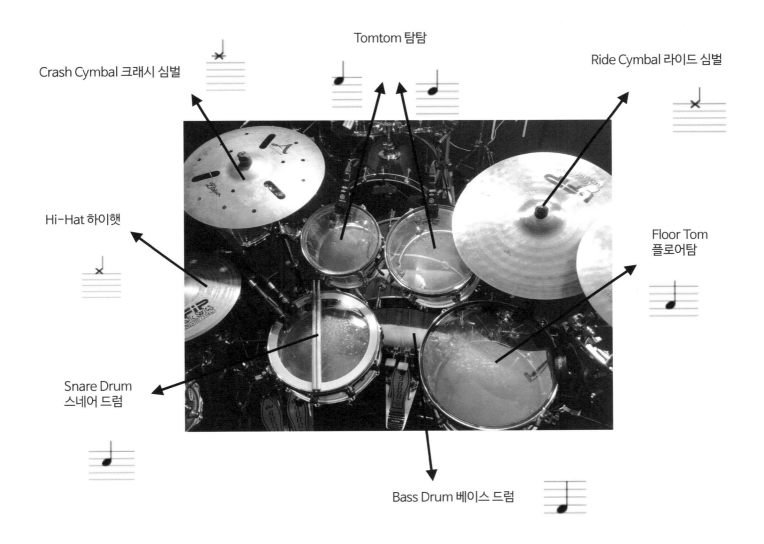

Tomtom 탐탐

Crash Cymbal 크래시 심벌

Ride Cymbal 라이드 심벌

Hi-Hat 하이햇

Floor Tom 플로어탐

Snare Drum 스네어 드럼

Bass Drum 베이스 드럼

# 드럼에서 사용되는 악보 알기

1. 드럼에서 사용되는 악보는 항상 지정되어 있는 고정식 악보이다. 즉, 언제 어디서든 같은 자리에 그려져 있는 악보는 같은 악기를 연주하면 된다.

2. 악보에 나와 있는 하이햇 악보는 기본적으로 하이햇 페달을 밟아서 두 장의 하이햇 심벌이 닫힌 상태를 의미한다.

⟨드럼 악보 읽기⟩

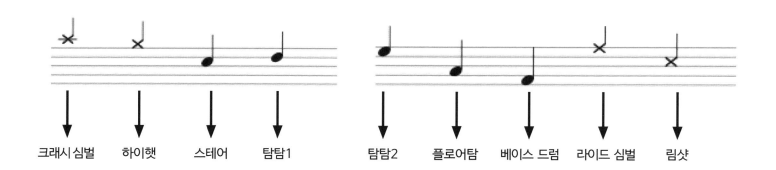

# 스틱 잡는 방법과 주의 사항

1. 스틱의 1/3 지점의 위치에

2. 엄지와 검지손가락을 대칭하도록 잡는다.

3. 나머지 3개의 손가락은 스틱에서 떨어지지
   않도록 스틱을 쥔다.

4. 위에서 보았을 때는 스틱과 손목까지 1자
   가 되도록 쥔다.

## 주의 사항

- 스틱을 잡고 손목을 돌렸을 때 스틱의 끝이 원을 그리지 않도록 잡는 것이 안정적이다.
- 스틱을 잡은 손가락은 쥔다는 느낌만 줄 뿐 힘을 주어서는 안 된다.

1              2              3              4

# 기본자세와 드럼 치는 방법

1. 손목을 스틱 끝보다 높은 위치에 둔 다음 스틱을 A자로 기본자세를 잡는다.

2. 드럼을 칠 때는 팔로 치지 않고 스틱의 끝을 귀 옆까지 들어서 친다는 생각으로 스틱의 끝을 들도록 한다.

X

잘못된 예

위에 보이는 사진처럼 팔을 움직여서 스틱을 들지 않고 손목을 이용하여 스틱의 끝을 들어서 연주한다.

**TIP 드럼을 칠 때는**

• 드럼을 칠 때는 팔을 들어서 치는 것보다는 스틱의 끝부분을 들어서 드럼에 스틱을 던진다는 느낌으로 치는 것이 좋다.

16

# 하이햇 심벌과 베이스 드럼 페달 밟는 방법

### – 베이스 드럼 페달의 2가지 방법

1. 뒤꿈치를 내리고 있는 상태에서 앞꿈치를 이용하여 밟는 방법(주로 Jazz 드러머나 작게 쳐야 하는 환경에서 사용됨)

2. 뒤꿈치를 들고 있는 상태에서 다리 전체의 무게를 싣고 밟는 방법(가장 보편적으로 사용되는 방식으로 기본동작이라고 생각해도 무방함)

### – 왼발 하이햇 페달 밟는 방법

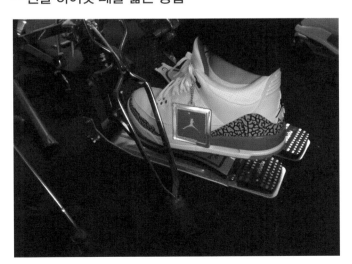

하이햇 페달 밟기 예시 1

기본적으로 하이햇은 두 장의 위아래 심벌이 닫힌 상태로 연주가 되기 때문에 항상 페달을 밟고 있어야 한다. 그래서 힘으로 밟는다는 것보다는 뒤꿈치를 들고 있으면 자연스레 심벌이 닫히게 되므로 뒤꿈치를 항상 들고 있도록 하자.

Part 2

# 더블 킥 배우기

# 더블 킥(Double Kick) 이해하기

• 더블 킥(Double Kick)이란 드럼의 꽃이라고도 하며, 베이스 드럼을 두 번 연속으로 밟은 테크닉을 뜻하며 보통 더블 킥 (Double Kick)이라 하면 16분음표의 간격으로 연속적으로 그려져 있는 베이스 드럼을 연주하는 것을 뜻한다. 8분음표 간격으로 되어있는 음표는 더블 킥이라 하지 않으며 한 번씩 두 번을 연주할 수 있는 음표는 더블 킥(Double Kick)이라 지칭하지 않는다.

예제 1

-8분음표 베이스 드럼 [더블 킥 x]

예제 2

-16분음표 베이스 드럼 [더블 킥 O]

예제 3

# 더블 킥 연주방법

• 베이스 드럼을 16분음표 간격으로 두 번을 밟기 위해서는 다리 전체를 한 번의 움직임으로 발목을 이용하여 두 번의 소리를 만들어 내는 것이 가장 효과적이다.

1. 더블 킥 두 개의 소리 중에서 첫 번째 베이스 드럼 소리는 페달에서 뒤꿈치를 높이든 상태로 페달을 밟은 후 버틴다.
2. 더블 킥 중 두 번째 베이스 드럼 소리는 들고 있는 뒤꿈치를 내리며 페달을 또 한 번 연주한다. 뒤꿈치를 내리며 연주할 때 뒤꿈치가 페달에 닿지 않도록 주의하고 뒤꿈치를 내린 후에 페달을 밟는 것이 아닌 뒤꿈치를 내림과 동시에 베이스 드럼도 연주가 되어야 한다.

[예시] - 2번째 마디의 4분음표가 베이스 드럼이 더블 킥이라고 가정한다.

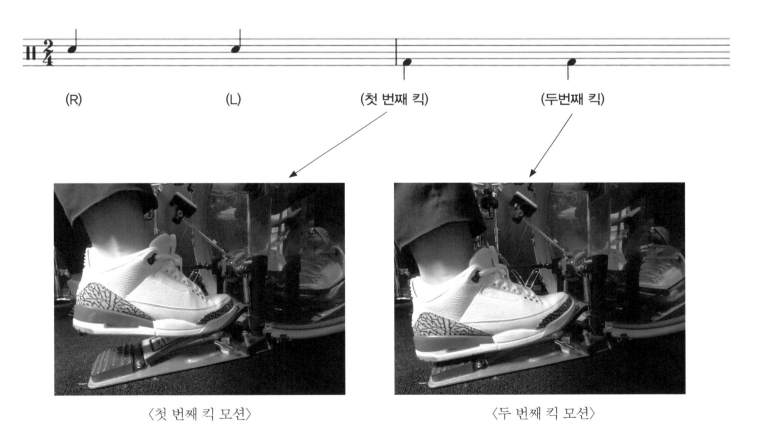

(R)　　　　　　(L)　　　　　(첫 번째 킥)　　　　(두번째 킥)

〈첫 번째 킥 모션〉　　　　　　　　〈두 번째 킥 모션〉

21

# 더블 킥 적용하여 연습하기 1

• 리듬에서 더블 킥 사용에 앞서 스네어와 베이스 드럼만을 사용하여 더블 킥을 연습해 보도록 하자 더블 킥을 연습해 보
 도록 하자(템포 60~140까지).
 더블 킥 연습은 매일 본격적인 연습에 앞서 15~20분 정도 연습하는 것이 효과적이다.

### 연습예제 1

### 연습예제 2

### 연습예제 3

## TIP 더블 킥을 사용한 리듬 연습 시 주의 사항

더블 킥을 사용한 리듬에서 주의해야 할 점은 다음과 같다.

1. 더블 킥 두 번의 베이스 드럼 소리의 볼륨이 같은 것이 가장 좋으며 차선으로는 두 번째 베이스 드럼 소리가 첫 번째 베이스 드럼의 소리보다 큰 것이 좋다. 두 번째 나오는 베이스 드럼의 소리를 조금 더 크게 내고 싶다면 베이스 드럼을 조금 앞으로 밀어서 밟은 듯한 느낌으로 연주하는 것도 또 하나의 방법이 될 수 있다.

2. 더블 킥에 너무 집중하다 보면 음표의 소리를 제대로 구현하기 어려울 수 있다. 그래서 리듬에서 나오는 음표의 소리를 정확히 파악한 후 음표를 드럼으로 제대로 표현하는 것이 좋다.

3. 더블 킥 리듬을 연주할 때에는 하이햇과 같이 쳐야 하는 베이스 드럼을 조금 더 집중해서 하이햇과 베이스 드럼이 같은 타이밍에 연주될 수 있도록 해야 한다.

4. 많은 사람들이 헷갈리는 부분이지만 하이햇을 연주하는 오른손이 베이스 드럼 더블 킥을 연주할 때 베이스 드럼과 함께 치는 것을 주의하도록 해야 한다.

5. 더블 킥 연습 시 템포 즉 속도를 올릴 때는 내가 할 수 있는 가장 느린 템포에서 정확한 테크닉을 연습한 후에 천천히 속도를 올리는 것이 바람직하다.

# 더블 킥 적용하여 연습하기 2

• 하이햇과 스네어는 기존의 8비트 연주와 함께 베이스 드럼을 연습한다. 연습 시 반드시 음표를 확인하여 음표에 맞는 소리를 내도록 연습하여야 한다.

기초 연습 1

기초 연습 2

기초 연습 3

기초 연습 4

# 더블 킥을 사용한 리듬 연습

☞ 연습 템포 60～120까지

리듬 연습 1

리듬 연습 2

리듬 연습 3

리듬 연습 4

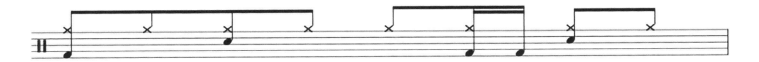

25

①

②

③

④

⑤

⑥

⑦

⑧

⑨

⑩

⑪

⑫

⑬

⑭

⑮

⑯

# 노래에서 사용되는 리듬 및 필인 연습

▶ 연습곡 1 [가수가 된 이유 / 신용재]

템포 – 60

리듬 1

리듬 2

필인 1

# 연습곡 1 [가수가 된 이유 / 신용재]

인터넷에 나를 쳐보면 이제 내 노래가 나와 내가 왜 굳이 이렇게 가수가 된지 넌 알까

유명하고팠던 이유는 오직 단 하나뿐이니까 니가 날 보고 날 알아듣고 내 생각하라고

TV에 나와 노래해 혹시 니가 볼까봐 날 들으면 날 본다면 날 찾아줄까봐

기를 쓰고 노래해 그 옛날의 널 위해 그때 다 하지 못했던 내 맘을 담아서 이렇게 노래해

못해부터 살다가까지 니가 없던 건 없으니까 솔직히 터놓고 말해 모두 너와 내 얘기니까

내 노랠 듣고 내가 울고 내가 슬퍼하고 혼자 미치는 나의 이유를 넌 알 것 같은데

TV에 나와 노래해 혹시 니가 볼까봐 날 들으면 날 본다면 날 찾아줄까봐

기를 쓰고 노래해 그 옛날의 널 위해 그때 다 하지 못했던 내 맘을 담아서

라이드 심벌

내 아픔과 내 눈물과 내 진심을 다해 내 맘 전한다면 너에게 들릴까

이 몇 분짜리 노래가 별거 아닌 가사가 니 귓가에 니 마음속에 울려 퍼지기를

미치도록 기도해 제발 니가 듣기를 이런 내 맘이 들리면 너 돌아오라고

# 노래에서 사용되는 리듬 및 필인 연습

▶ 연습곡 2 [고백 / 포맨]

템포 − 65

리듬 1

리듬 2

필인 1

필인 2

연습곡 2 [고백 / 포맨]

♩ = 65

전주

6 A

사실은 고민했었어 니가 떠날까봐 내맘은 불안했었어 내 나름대로
나 많이 생각했어 니가 날 외면할까봐 내게 부담가질까봐 난 두려웠었나봐

B
14

Don't say goodbye

18 후렴

난 네게 부족하지만 참 많이 부족하지만 세상을 다 뒤져도 나같은 남자 없다는 걸 아니

22

조금은 어색하지만 많이 부족하겠지만 시간이 흐른뒤엔 날 바라보면서 웃을꺼야

27 A

이런말 하기까지가 참 오래 걸렸어 참기 힘들었어 이런 내 맘을 보여주면

31

너의 표정이 어떻게 변할지 난 궁금해 이렇게 두려워하는 이런 내 바보같은 모습을

36 후렴

난 네게 부족하지만 참 많이 부족하지만 세상을 다 뒤져도 나같은 남자 없다는 걸 아니

Part 3

# 왼발 하이햇
# 카운팅 방법

**TIP 하이햇 페달을 밟으며 연주하는 이유**

1. 메트로놈[박자기]이 없이 연주할 때에는 박자를 유지할 수 있는 장치가 없기 때문에 왼발을 사용하여 박자를 유지하는 역할을 한다.

2. 오른손을 라이드 심벌 혹은 그 외에 다른 악기를 연주할 때 자칫 부족하게 느껴질 수 있는 드럼의 사운드를 하이햇을 밟아서 만든 소리로 채워 줄 수 있다.

3. 하이햇 페달을 밟을 때는 왼발을 뒤꿈치를 들고 있는 상태에서 밟아주는 것이 좋다.

4. 노래 악보에는 왼발 하이햇 페달을 밟으라는 표기는 잘하지 않지만, 왼발 연습 후에는 표기가 되어 있지 않더라도 밟으며 연주하는 습관을 지니는 것이 좋다.

# 4분음표로 하이햇 밟으며 리듬 연습하기

- 하이햇 페달을 4분음표로 밟는 연습을 한다.

- 8비트 기본 리듬에 하이햇을 4분음표로 밟기

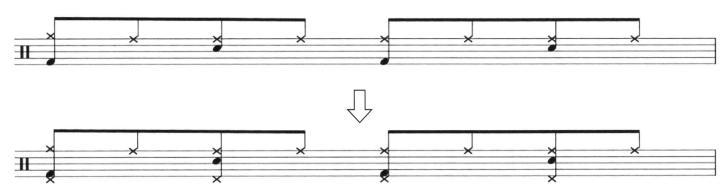

- 8비트 변형리듬에 하이햇 4분음표 넣기

- 8비트 변형리듬에 하이햇 4분음표 넣기 2

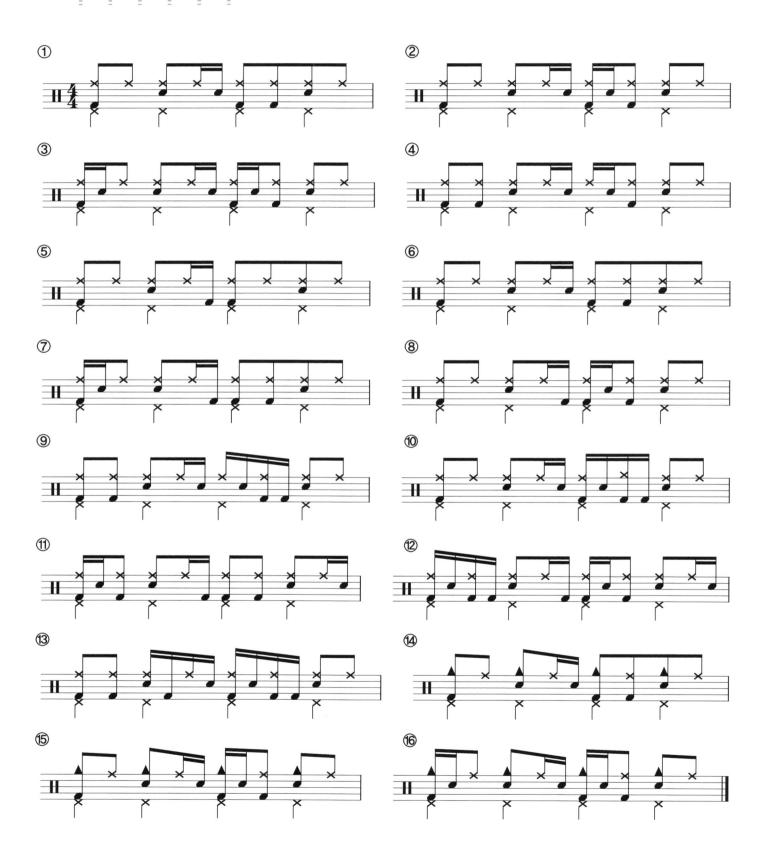

# 2, 4 박자에 하이햇 밟으며 리듬 연습하기

- 하이햇을 2번째 4번째 박자에 밟으며 연주를 한다.
- 1번째 3번째 박자에는 뒤꿈치를 내리는 것으로 박자를 세고 2번째, 4번째 박자는 뒤꿈치를 들며 하이햇 페달을 밟으며 박자를 센다.

- 8비트 기본 리듬에 하이햇을 2, 4박자에 밟기

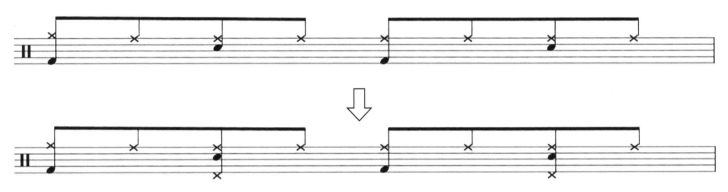

- 8비트 변형리듬에 하이햇 2, 4박자에 넣기

- 8비트 변형리듬에 하이햇 2, 4박자에 넣기 2

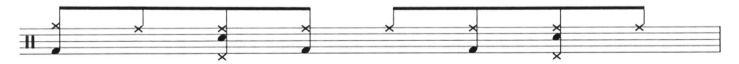

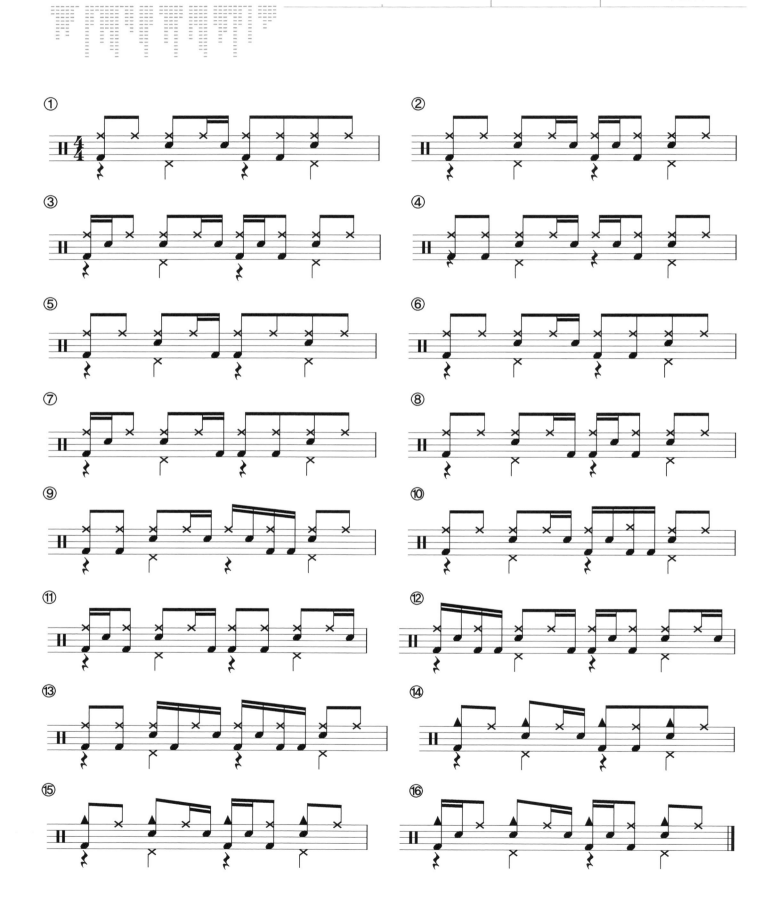

# 8분음표로 하이햇 밟으며 리듬 연습하기

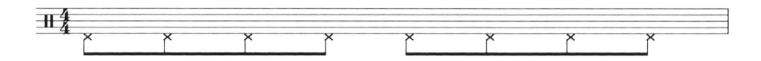

- 8비트 기본 리듬에 하이햇을 8분음표로 넣기

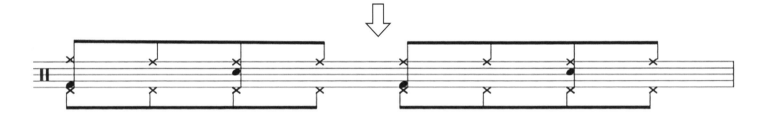

- 8비트 변형리듬에 하이햇 8분음표로 밟기 1

- 8비트 변형리듬에 하이햇 8분음표로 밟기 2

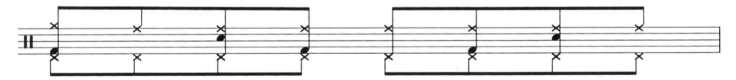

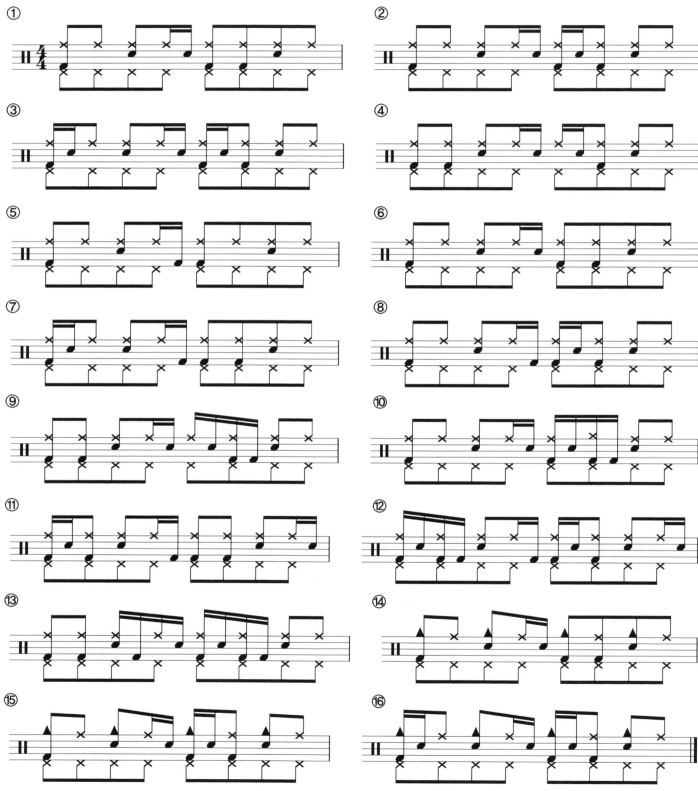

# 엇박자로 하이햇 밟으며 리듬 연습하기

• 하이햇을 엇박자로 밟으며 연주를 하는 연습이다. 2번째 4번째 박자 연습과 같이 쉼표에서는 뒤꿈치를 내리며 박자를 세고 엇박자에서는 뒤꿈치를 들고 하이햇을 밟아서 박자를 유지하도록 하자.

- 8비트 기본 리듬에 엇박자 하이햇 넣기

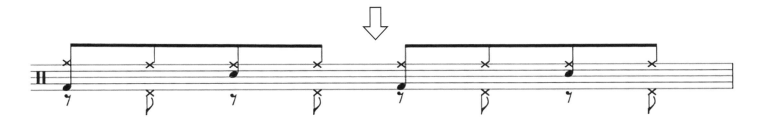

- 8비트 변형리듬에 하이햇 엇박자로 밟기 1

- 8비트 변형리듬에 하이햇 엇박자로 밟기 2

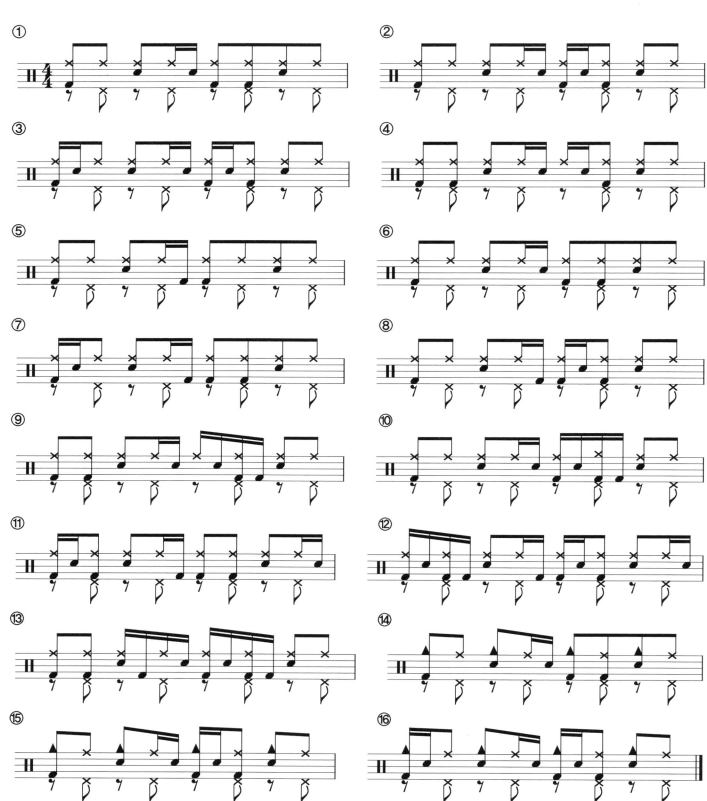

# SOLO #1

아래 솔로 악보에 왼발 하이햇을 4분음표, 2, 4박자, 8분음표, 엇박자 순으로 대입하여 연습하도록 하자.

# SOLO #2

# 노래에서 사용되는 리듬 및 필인 연습

▶ 연습곡 1 [또 다시 사랑 / 임창정]

템포 - 69

리듬 1

필인 1

필인 2

필인 3

필인 4

47

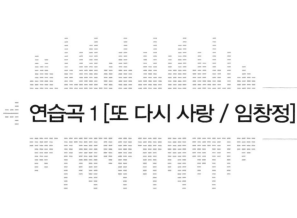

# 연습곡 1 [또 다시 사랑 / 임창정]

전주 ♩ = 69

4

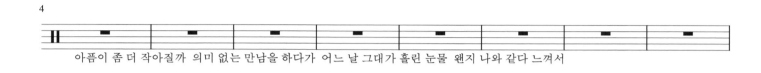

아픔이 좀 더 작아질까 의미 없는 만남을 하다가 어느 날 그대가 흘린 눈물 왠지 나와 같다 느껴서

12

이렇게 그대를 지키는가 봐요 행복하고 싶었던 그대를

16

몰랐던 누군갈 또 알아가면서 분명 행복할 걸 알겠지만

R   R   R   L R R

후렴

20

내가 그대를 만났다는 건 어쩌면 흘러가는 흔한 인연이란 것 일진 모르지만

24

오늘도 다시 또 다시 사랑해요 사랑 언제나 이번이 마지막이라며 처음인 듯 찾아오니까

L R L R

28 간주

32

어느 날 그대가 숨긴 눈물 왠지 나와 같다 느껴서
이렇게 그대를 지키는 가 봐요 행복하고 싶었던 그대를

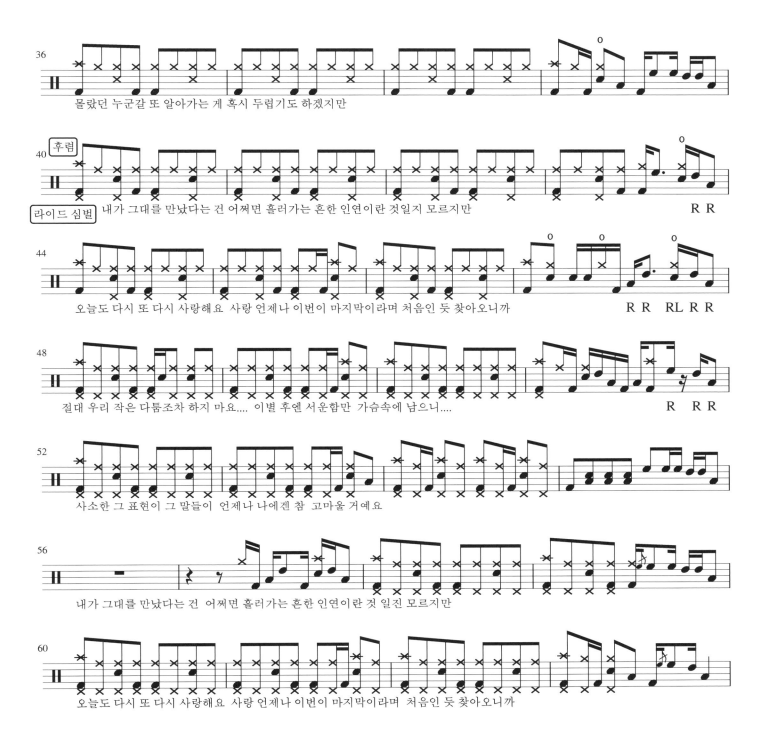

Part 4

# 고스트 노트
# 연습 방법

# 고스트 노트 이해하기

- 말뜻 그대로 유령과도 같은 음표를 나타내는 단어로써 연주하긴 하지만, 들릴 듯 말 듯 정도의 세기로 연주하는 것을 말한다. 지금까지는 강하게 연주하는 것, 악센트 연주하는 것을 연습했다면 고스트 노트까지 연습하여 스틱을 다루는 것을 보다 익숙하게 만들어보자.

**TIP 연습 전 꼭 체크해야 할 고스트 노트 꿀팁!**

작게 치기 위해서는

1. 스틱의 끝부분이 낮은 위치에서 쳐질 수 있도록 손목을 들어서 스틱의 끝을 내려준다.

2. 손가락을 이용하면 오히려 민첩성이 떨어질 수 있으므로 스틱을 쥔 상태로 손목으로 치는 연습을 하도록 해야 한다.

3. 연주 시 스틱을 들어서 치기보다는 준비 자세에 머무르던 스틱의 높이에서 바로 연주하도록 한다.

\* 고스트 노트 연습 시작 전에 QR코드를 통해 영상을 꼭 참고하여 연습하자.

올바른 자세

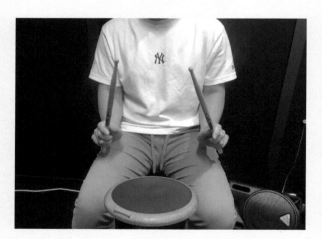

잘못된 자세

## 연습 1

평소에 연주하던 세기로 16분음표를 연주하고 내가 연주할 수 있는 가장 작은 소리로도 16분 음표를 연습하여 작게 치는 것 또한 자연스럽게 만들자.

## 연습 2

16분음표를 한 손으로 고스트 노트로 연습하도록 하자.

## 연습 3

기존의 연주하던 세기와 고스트 노트를 번갈아 가며 연습하여 고스트 노트를 보다 자연스럽게 연주할 수 있도록 연습하자.

## 연습 4

## 연습 5

## 연습 6

연습 7

연습 8

연습 9

연습 10

# 고스트 노트 리듬에 적용하기

## 연습 1

- 리듬에서 고스트 노트를 연주하는 왼손 패턴은 아래와 같다. 아래의 고스트 노트 패턴을 왼손으로 충분히 연습한 다음
  리듬에 적용하도록 하자.

## 연습 2

- 연습한 왼손 고스트 노트의 패턴에 오른손 8분음표 하이햇을 함께 연주를 하면 아래와 같은 악보가 나타난다.

## 연습 3

## 연습 4

- 8비트 기본 리듬에 고스트 노트를 넣어서 리듬을 완성해보자.

연습 5

연습 6

연습 7

연습 8

# 노래에서 사용되는 리듬 및 필인 연습

▶ 연습곡 1 [눈물이 뚝뚝 / 케이윌]

템포 - 72

필인 1

필인 2

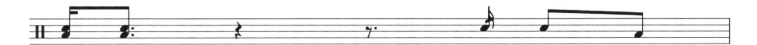

리듬 1

리듬 2

# 연습곡 1 [눈물이 뚝뚝 / 케이윌]

가네요 점점 멀어지네요 가네요 점점 작아지네요

가네요 그댈 좀 더 보고 싶은데 좀 더 기억하고

싶은데 자꾸 번져 가네요

널 사랑해 소리쳐서 불러보고 싶어 사랑해 웃으면서 보낼 수가 없어

미안해 뒤돌아 봐 줄 수 없겠니 사랑

하니까 하루라도 멀어질 수 없어 내 맘을 알잖아

제발 돌아봐줘요 제발

아나요 눈물 흘리는 날 아나요

# 노래에서 사용되는 리듬 및 필인 연습

▶ 연습곡 2 [Memories / Maroon 5]

템포 – 92

리듬 1

리듬 2

리듬 3

# 연습곡 2 [Memories / Maroon 5]

전주 ♩ = 92

[A]
Here's to the ones that we got Cheers to the wish you were here, but you're not
'Cause the drinks bring back all the memories Of everything we've been through
Toast to the ones here today Toast to the ones that we lost on the way
'Cause the drinks bring back all the memories And the memories bring back, memories bring back you

There's a time that I remember, when I did not know no pain
When I believed in forever, and everything would stay the same
Now my heart feel like December when somebody say your name
'Cause I can't reach out to call you, but I know I will one day, yeah

[B]
Everybody hurts sometimes Everybody hurts someday, ayy ayy
But everything gon' be alright Go and raise a glass and say, ayy

[A]
Here's to the ones that we got Cheers to the wish you were here, but you're not
'Cause the drinks bring back all the memories Of everything we've been through
Toast to the ones here today Toast to the ones that we lost on the way
'Cause the drinks bring back all the memories And the memories bring back, memories bring back you

간주
Yeah, yeah, yeah Yeah, yeah, yeah, yeah, yeah, doh, doh Memories bring back, memories bring back you

[A]
There's a time that I remember when I never felt so lost When I felt all of the hatred was too powerful to stop (ooh, yeah)

Now my heart feel like an ember and it's lighting up the dark I'll carry these torches for ya that you know I'll never drop, yeah

62

Everybody hurts sometimes  Everybody hurts someday, ayy ayy
But everything gon' be alright Go and raise a glass and say, ayy

라이드 심벌

Here's to the ones that we got (oh) Cheers to the wish you were here, but you're not
'Cause the drinks bring back all the memories Of everything we've been through (no, no)

하이햇

Toast to the ones here today (ayy) Toast to the ones that we lost on the way
'Cause the drinks bring back all the memories (ayy) And the memories bring back, memories bring back you

후주

Doo doo, doo doo doo doo Doo doo doo doo, doo doo doo doo
Doo doo doo doo, doo doo doo Memories bring back, memories bring back you

Doo doo, doo doo doo doo Doo doo doo doo, doo doo doo doo
Doo doo doo doo, doo doo doo (ooh, yeah) Memories bring back, memories bring back you

Yeah, yeah, yeah  Yeah, yeah, yeah, yeah, yeah, doh, doh  Memories bring back, memories bring back you

3연음과 6연음은 한 박자 즉, 4분음표 한 개의 길이(박자)를 3개 혹은 6개로 나눈 것으로 생각하여 연주하는 것이 좋다.

### 1. 셋잇단음 이해하기

- 한 박자를 세 개의 음표로 나누어 연습할 때 읽는 방법을 〈하나,둘,셋 – 둘,둘,셋 – 셋,둘,셋 – 넷,둘,셋〉으로 읽으며 연습해보자.

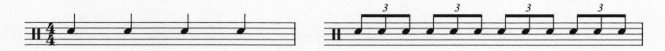

### 2. 6연음 이해하기

- 한 박자를 6개의 음표로 나누어 연습하는 음표로 1박자의 길이 동안 6개의 음표를 연주해야 한다. 4분 음표를 기준으로 하여 음표위에 숫자 6을 표기하여 6연음을 나타낸다.

### 3. 6연음 이해하기 2

- 4분음표를 6개로 나누어 연주하기도 하고, 8분음표를 3개로 나누어 한 박자에 6개를 만들어서 표기하기도 하지만, 표기법만 다를 뿐 연주는 같다.

## 3,6 연음 필수 루디먼트 연습

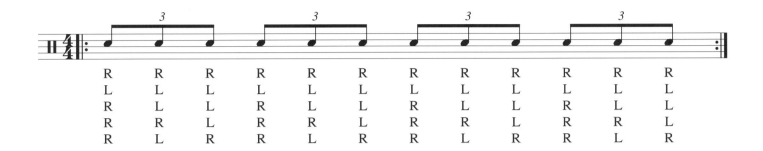

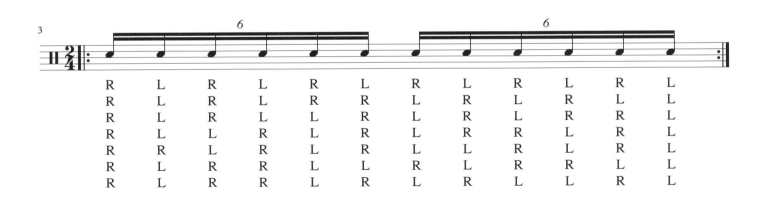

Part 5

# 셔플 배우기

# 셔플 리듬 이해하기

• 8비트는 8분음표가 기준이 되어 만들어지는 리듬이라면 셔플은 셋잇단음(3연음)이 기준이 되어서 이루어지는 음악임으로 리듬 및 필인이 모두 3연음이 기준이 되어서 연주가 되어야 한다. 때때로는 8분 음표와 16분음표가 혼합하여 필인에 사용되기도 하니 주의해야 한다.

### 이해하기 1

- 셋잇단음(3연음)에서 연습했던 R-L-R R-L-R 패턴 연습이 많이 되어야 셔플도 보다 수월하게 연주될 수 있다. R-L-R 패턴 중에서 중간 L(왼손)이 삭제된 패턴이 셔플의 가장 기본적인 패턴이 됨으로 왼손을 함께 R-L-R 패턴으로 연습한 후 왼손을 빼고 연습해보자.

### 이해하기 2

- 이해하기 1에서 연습했던 오른손 패턴을 하이햇으로 똑같은 방법으로 연주하지만, 자연스레 하이햇을 강약으로 연주하는 것이 좋다. 하이햇 강약은 이전 교재 내용 8비트에서 했던 것을 그대로 적용하는 것이 좋다.

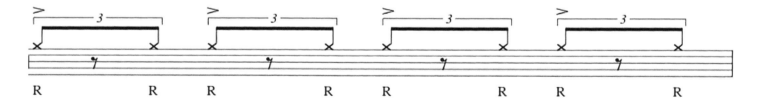

### 이해하기 3

- 하이햇이 자연스럽게 이어진다면 8비트에서와 같이 2, 4박자에는 스네어를, 1,3박자에는 베이스 드럼을 함께 연주하여 리듬 꼴을 완성해보자.

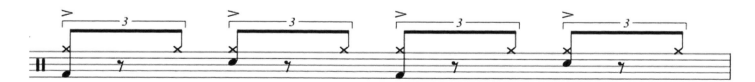

**알아두면 좋은 TIP!**

• 셔플 리듬은 통통 튀는 듯한 리듬의 소리를 가지고 있어서 3연음의 기준이 흐트러지면 안 되고 3연음이 끊이지 않고 지
  속되도록 연습하는 것이 중요하다. 셔플을 연주하다가 8비트처럼 리듬이 바뀌지 않도록 주의하자.

## 셔플 리듬 연습하기

리듬 1

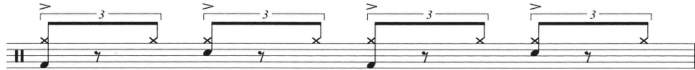

리듬 2

리듬 3

리듬 4

리듬 5

리듬 6

# 셔플에 고스트 넣어서 연주하기

- 셔플 리듬을 안정적이게 연주하고 셋잇단음을 정확하게 유지하고 싶다면 고스트 노트를 이용하여 리듬을 완성해서 리듬을 유지할 수 있다.
- 왼손을 고스트 노트로 연습하여 오른손 사이에 균일한 간격으로 연주할 수 있도록 연습하자.
- 이전에 연습했던 셔플 리듬에도 고스트 노트를 넣어서 다시 한 번 연습해보고 고스트 노트의 소리가 너무 커지지 않도록 주의하자.

연습 1

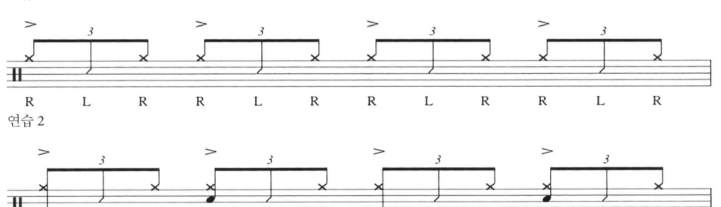

연습 2

연습 3

# 노래에서 사용되는 리듬 및 필인 연습

▶ 연습곡 1 [당신과는 천천히 / 장범준]

템포 – 120

리듬 1

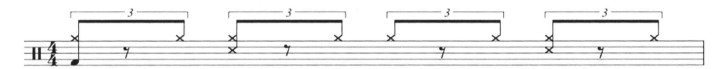

리듬 2

리듬 3

필인 1

필인 2

# 연습곡 1 [당신과는 천천히 / 장범준]

퇴근 시간 전에는 시간이 너무 느리게 가는데
왜 집에만 오면 시간이 너무 빨라서 아쉬워 제대로 못 쉬고

평일 일과 중에는 시간이 너무 느리게 가는데
왜 주말만 되면 시간이 너무 빨라서

아쉬워 제대로 못 자고

그냥 시간이 똑같이 흘러가기만이라도
좋은 순간만은 천천히

사랑의 꿈에 취해 뒤척이는 밤이라도
당신과 함께 순간만은 천천히

후렴
당신과는 천천히 당신과는 천천히

라이드 심벌

간주

하이햇 심벌 그저 시간이 똑같이 흘러가기만이라도

74

좋은 순간만은 천천히

사랑의 꿈에 취해 뒤척이는 밤이라도

당신과는 천천히 당신과는 천천히

아쉬운 밤과 이별이 무서워요 나는 내일 하루 시작이

우~ 이 모든 밤을 천천히 좋은 사람 당신 당신과는 천천히

그녀를 보면서 짧은 밤들을
그녀를 보면서 잠못 드네요

그녀를 보면서 짧은 밤들을
그녀의 곁에서 당신과는 천천히

# 노래에서 사용되는 리듬 및 필인 연습

 연습곡 2 [너에게만 반응해 / 이승환]

템포 - 120

리듬 1

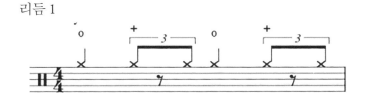

리듬 2

필인 1

필인 2

필인 3

필인 4

필인 5

필인 6

R L R L R L R L R L R L R L

전주 ♩ = 120

피치빛의 네 립글로스 도톰한 그 입술 어지러이 물들어 온통 날 머금어

Girlfriend : 어쩜 어쩜 찌릿찌릿하게 말도 참 이쁘게 해

1. 지상의 어떤 언어로도 표현이 잘 안 돼 네 앞에만 서면 자꾸 자꾸만 더듬어
2. 고질적인 두근거림과 가슴속 불덩이 즉시 치료가 필요한 몹쓸 후유증

라이드심벌

1. 물리지도 않는 얘기 물어보는 오늘 내일의 너
2. 하루 종일 네 얼굴이 머릿속을 윙윙 돌아다녀

하이햇

1. 꿈틀대며 치밀어 오르는 내 사랑은
2. 네 이름이 혀 위를 빙빙 굴러다녀

후렴

너에게만 나는 반응해 나는 황홀해 너란 반복에 I want you to want me.

라이드 심벌 Only you 나는 반응해 나는 행복해

자꾸 너라서

D.S. al Coda

자꾸 너라서

oh my darling 우린 하늘이 점지한 사이

콩떡같이 얘기해도 찰떡같이 알아듣는 짝이라오

나는 반응해 나는 황홀해 너란 반복에 I want you to want me.

Only you 나는 반응해 나는 행복해 자꾸 너라서 I need you to need me.

Only you la la la la la la la la la la la la la la la I want you to want me

Only you la la la la la la la la

자꾸 너라서

- 하프타임이라고 하는 연주  방법은 연주의 템포, 방법, 타이밍은 같지만 듣는 사람으로 하여금 속도가 절반으로 줄어든 것처럼 들리게 하는 연주 방법으로 모든 장르와 모든 악기에서 연주되는 연주 기법이다.

- 드럼에서 사용되는 하프타임의 방법은 다양한 방법이 있다. 기본적으로 2번째, 4번째 박자에 연주하는 스네어를 3번째 박자로 옮겨서 연주한다면 하프타임의 효과를 볼 수 있으므로, 연습할 때 원래의 리듬과 하프타임의 리듬을 번갈아 가며 연습하여 하프타임의 감을 잡도록 하자.

예시 1

예시 2

예시 3

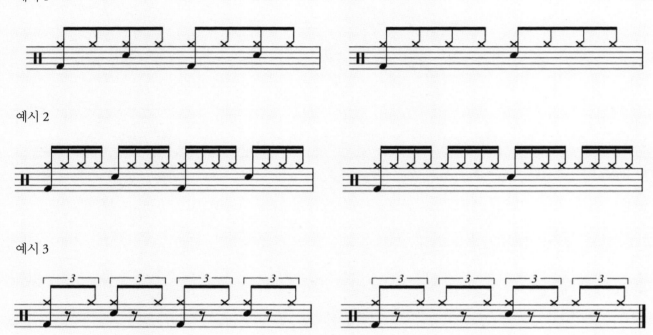

Part 6

# 16비트에 악센트 적용하기

# 16비트에 악센트 넣어서 연주하기

- 고급 편 교재에서 연습했던 악센트를 16비트 리듬에 적용시켜 보다 화려하고 다양한 표현이 가능하도록 하는 연습 방법으로써 고급자의 필수 연습이라고 할 수 있다.
- 스네어 및 패드에서 연습했던 악센트의 위치를 16비트에 같은 위치에 접목시켜 연습해보도록 하자.

연습 1

R L R L R L R L R L R L R L R L

연습 2

연습 3

연습 4

# 16분음표 악센트 연습하기

①

②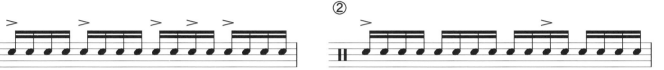

③

④

⑤

⑥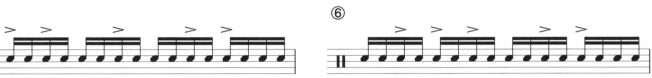

⑦

⑧

⑨

⑩

⑪

⑫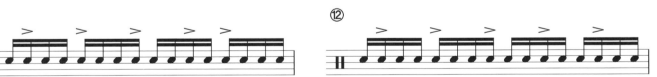

⑬

⑭

⑮

⑯

• 연습할 때 템포는 60~120 정도까지 연습하도록 하자.

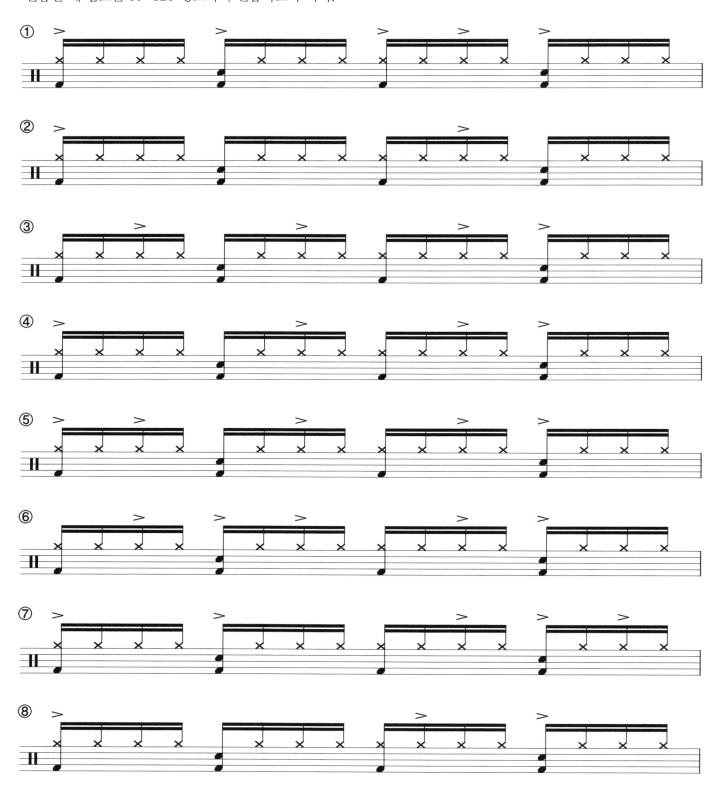

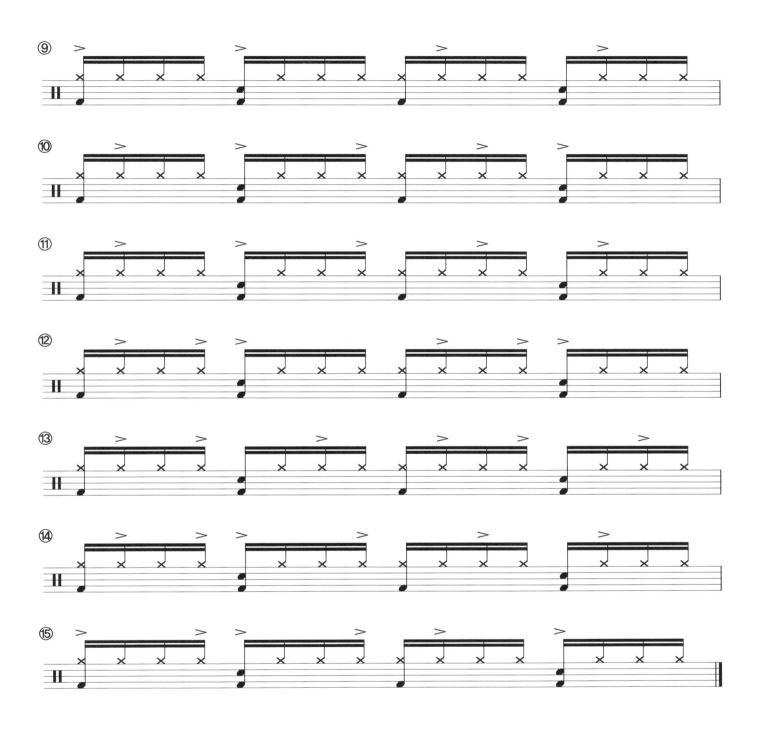

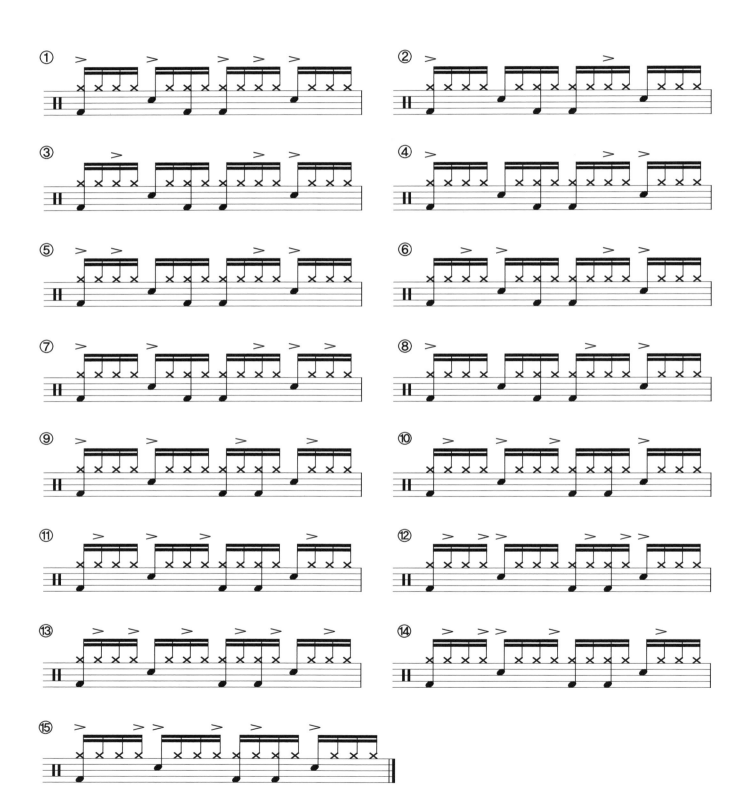

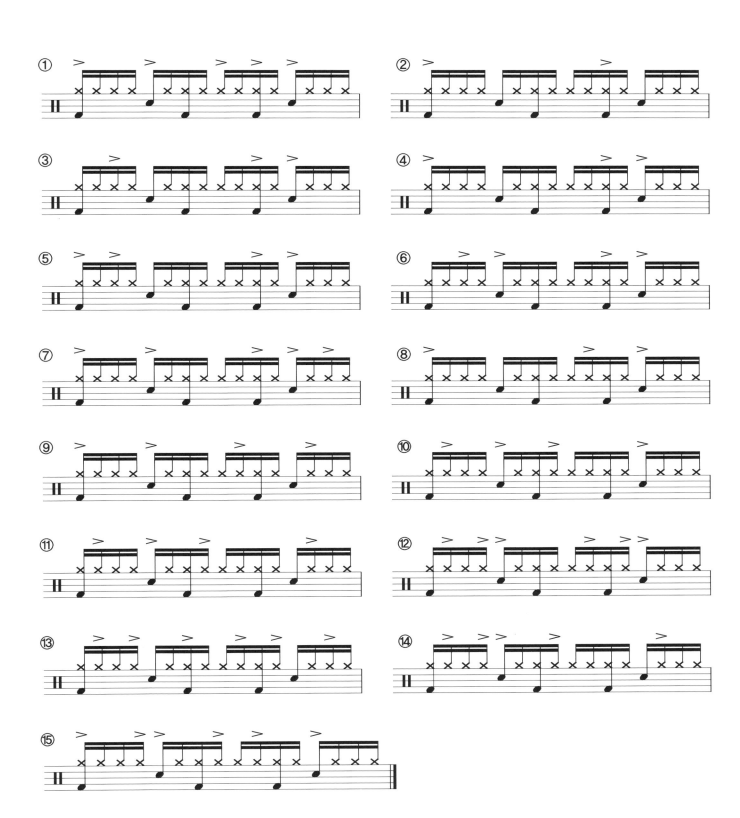

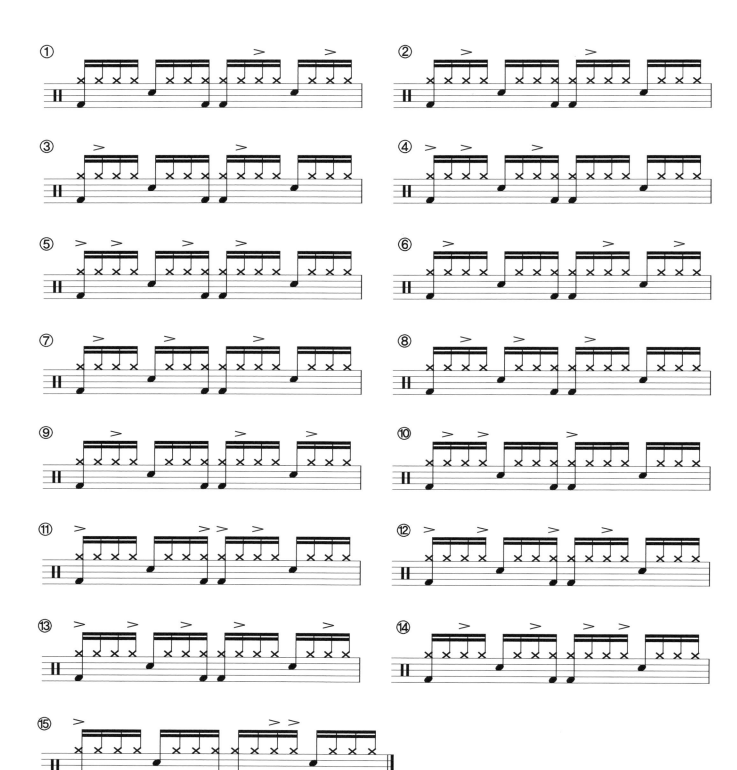

# 노래에서 사용되는 리듬 및 필인 연습

▶ 연습곡 1 [너의 의미 / 아이유]

템포 - 80

리듬 1

필인 1

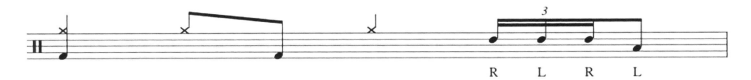

필인 2

필인 3

# 연습곡 1 [너의 의미 / 아이유]

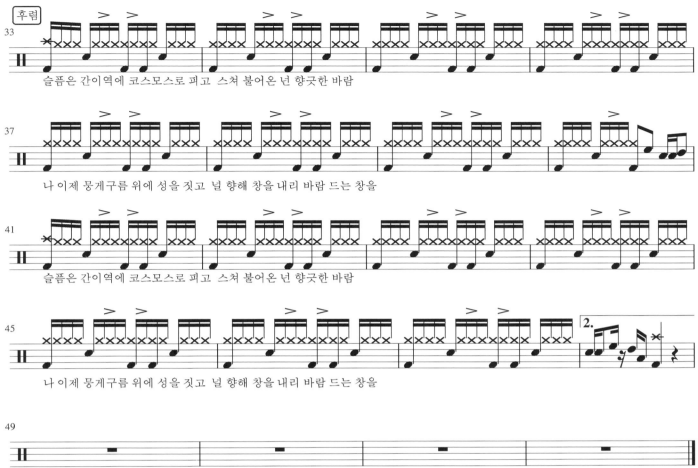

후렴

33
슬픔은 간이역에 코스모스로 피고 스쳐 불어온 넌 향긋한 바람

37
나 이제 뭉게구름 위에 성을 짓고 널 향해 창을 내리 바람 드는 창을

41
슬픔은 간이역에 코스모스로 피고 스쳐 불어온 넌 향긋한 바람

45
나 이제 뭉게구름 위에 성을 짓고 널 향해 창을 내리 바람 드는 창을

49
너의 그 한 마디 말도 그 웃음도 나에겐 커다란 의미
너의 그 작은 눈빛도 쓸쓸한 뒷모습도 나에겐 힘겨운 약속

# 노래에서 사용되는 리듬 및 필인 연습

▶ 연습곡 2 [HONEY / 박진영]

템포 – 113

리듬 1

리듬 2

# 연습곡 2 [HONEY / 박진영]

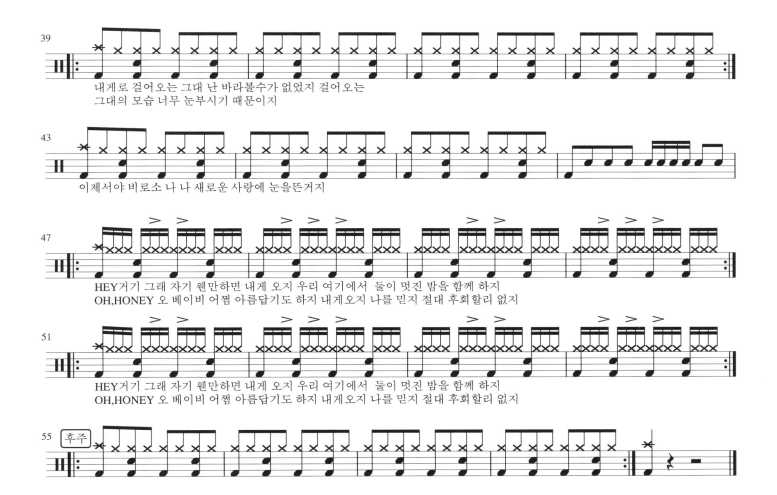

39

내게로 걸어오는 그대 난 바라볼수가 없었지 걸어오는
그대의 모습 너무 눈부시기 때문이지

43

이제서야 비로소 나 나 새로운 사랑에 눈을뜬거지

47

HEY거기 그래 자기 웬만하면 내게 오지 우리 여기에서 둘이 멋진 밤을 함께 하지
OH,HONEY 오 베이비 어쩜 아름답기도 하지 내게오지 나를 믿지 절대 후회할리 없지

51

HEY거기 그래 자기 웬만하면 내게 오지 우리 여기에서 둘이 멋진 밤을 함께 하지
OH,HONEY 오 베이비 어쩜 아름답기도 하지 내게오지 나를 믿지 절대 후회할리 없지

55 후주

Part 7

# 양손 밸런스 연습

# 양손 밸런스 연습 1

- 지금까지는 음표 & 리듬 등을 배우며 드럼의 전반적인 것을 배웠다면 양손 밸런스 연습을 통해서 조금 더 세세한 부분까지 연주하고 스틱을 다루는 것을 보다 더 자연스럽게 하기 위해 하는 연습이다.
- 두 줄의 악보에서 윗줄은 오른손 & 아랫줄은 왼손으로 연습하되 양손을 바꿔서 연습하는 것도 좋은 방법이다.
- 속도는 60~110 정도까지 하기를 권장한다.

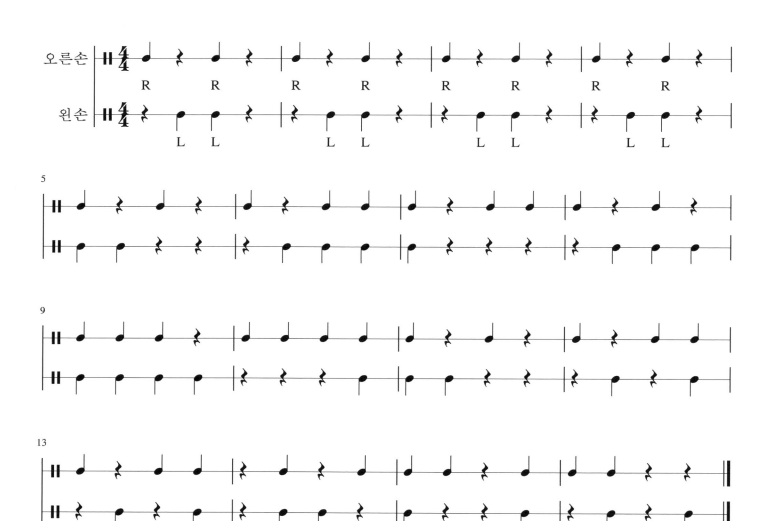

# 양손 밸런스 연습 2

오른손
왼손

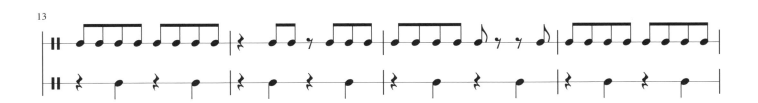

# 양손 밸런스 연습 3

# 양손 밸런스 연습 4

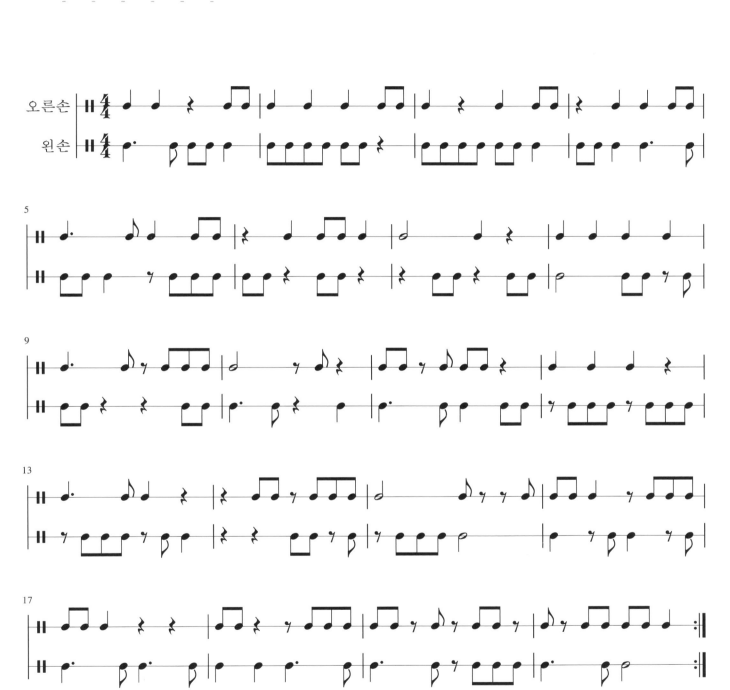

오른손

왼손

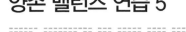

# 양손 밸런스 연습 5

오른손
왼손

Part 8

# 종합 연습

# 노래에서 사용되는 리듬 및 필인 연습

● 연습곡 1 [테스형 / 나훈아]

템포 – 94

리듬 1

리듬 2

리듬 3

# 연습곡 1 [테스형 / 나훈아]

전주 ♩ = 94

어쩌다가 한바탕 턱 빠지게 웃는다

그리고는 아픔을 그 웃음에 묻는다

그저 와준 오늘이 고맙기는 하여도
죽어도 오고 마는 또 내일이 두렵다

아! 테스형 세상이 왜 이래 왜 이렇게 힘들어

아! 테스형 소크라테스형 사랑은 또 왜 이래

너 자신을 알라며 툭 내뱉고 간 말을

내가 어찌 알겠소 모르겠소 테스형

울 아버지 산소에 제비꽃이 피었다
들국화도 수줍어 샛노랗게 웃는다

그저 피는 꽃들이 예쁘기는 하여도
자주 오지 못하는 날 꾸짖는 것만 같다

아! 테스형 아프다 세상이 눈물 많은 나에게

아! 테스형 소크라테스형 세월은 또 왜 저래

먼저가본 저세상 어떤 가요 테스형

가보니까 천국은 있던 가요 테스형

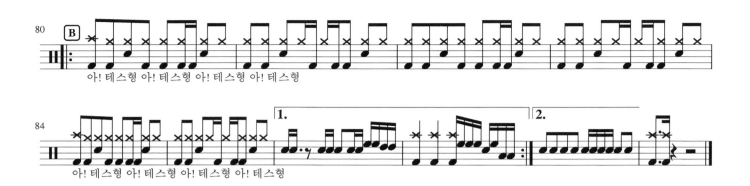

아! 테스형 아! 테스형 아! 테스형 아! 테스형

아! 테스형 아! 테스형 아! 테스형 아! 테스형

▶ 연습곡 2 [Goodbye Seoul / 혁오]

템포 - 87

리듬 1

리듬 2

리듬 3

필인 1

## 연습곡 2 [Goodbye Seoul / 혁오]

I'll miss you  I'll miss you I'll miss you I'll miss you

I'll miss you  I'll miss you I'll miss you I'll miss you